BEI GRIN MACHT SICH IHR WISSEN BEZAHLT

- Wir veröffentlichen Ihre Hausarbeit,
  Bachelor- und Masterarbeit

- Ihr eigenes eBook und Buch -
  weltweit in allen wichtigen Shops

- Verdienen Sie an jedem Verkauf

Jetzt bei www.GRIN.com hochladen und kostenlos publizieren

Bibliografische Information der Deutschen Nationalbibliothek:

Die Deutsche Bibliothek verzeichnet diese Publikation in der Deutschen National-
bibliografie; detaillierte bibliografische Daten sind im Internet über http://dnb.d-
nb.de/ abrufbar.

Impressum:

Copyright © 2018 GRIN Verlag
Druck und Bindung: Books on Demand GmbH, Norderstedt Germany
ISBN: 9783668721968

Dieses Buch bei GRIN:

https://www.grin.com/document/428359

Anonym

Demographischer Wandel. Folgen für Arbeitsmarkt und Unternehmen

GRIN Verlag

GRIN - Your knowledge has value

Der GRIN Verlag publiziert seit 1998 wissenschaftliche Arbeiten von Studenten, Hochschullehrern und anderen Akademikern als eBook und gedrucktes Buch. Die Verlagswebsite www.grin.com ist die ideale Plattform zur Veröffentlichung von Hausarbeiten, Abschlussarbeiten, wissenschaftlichen Aufsätzen, Dissertationen und Fachbüchern.

Besuchen Sie uns im Internet:

http://www.grin.com/

http://www.facebook.com/grincom

http://www.twitter.com/grin_com

BSP Business School Berlin

Hochschule für Management

Fakultät Business and Management

Bachelorstudiengang Kommunikationsmanagement

Demographischer Wandel- Welche Auswirkungen hat das auf die Rekrutierung von Mitarbeitern

vorgelegt am:	03.04.2018
Semester:	3.Semester
Modulbezeichnung:	Personal und Führung

Inhaltsverzeichnis

Abbildungsverzeichnis

Abstract

Die vorliegende Arbeit gibt einen Überblick über den demographischen Wandel in Deutschland mit besonderem Fokus auf die resultierenden Folgen für Arbeitsmarkt und Unternehmen. Ziel war es herauszufinden, welche Auswirkungen der Wandel dabei auf das Rekrutieren von Mitarbeitern hat. Zu der Beantwortung meiner Fragestellung habe ich mich hauptsächlich auf die entsprechende Fachliteratur und auf das Statistische Bundesamt gestützt. Als Ergebnis lässt sich festhalten, dass durch die Veränderung der Bevölkerungsstruktur und die damit unter anderem einhergehende sinkende Geburtenrate große Auswirkungen zeigt. Vor diesem Hintergrund lässt sich deutlich nachweisen, dass auf Unternehmensebene die Rekrutierung und der Erhalt gut qualifizierter Arbeitskräfte, sowie auf individueller Ebene die Flexibilität und Arbeitsmarktfähigkeit immer schwieriger gestalten lässt. Unsere Gesellschaft wird sich durch den fortschreitenden Strukturwandel und der demographischen Entwicklung spürbar verändern. Der Druck auf die politischen und sozialen Strukturen steigt.

1 Einleitung

Im Rahmen dieser Arbeit, soll der fortschreitende demographische Wandel in Deutschland und dessen immer bedeutender werdenden Auswirkungen auf den Arbeitsmarkt und Unternehmen hinterfragt werden. Das Thema bezieht sich durch die Veränderung der Bevölkerungsstruktur und dem einhergehenden, zukünftigen Fachkräftemangel, einer hohen Relevanz und Starken Aktualität.[1] Welches mir den Anlass gibt, mich mit der Thematik grundlegend auseinanderzusetzen. Der Wandel und die dabei entstehenden möglichen Auswirkungen auf die Rekrutierung von Mitarbeitern, stelle ich hierbei als zentrale Frage, die im Rahmen dieser Arbeit beantwortet werden soll. Zur Beantwortung der aufgeworfenen Frage wird wie folgt vorgegangen: Zunächst erfolgt die Klärung der wichtigsten grundlegenden Begriffe und Faktoren, die im Laufe der Arbeit verwendet werden. Hierbei wird auch besondere Aufmerksamkeit auf die Definition des demographischen Wandels in Deutschland und die Darstellung seiner Auswirkungen auf den Arbeitsmarkt gelegt. Des Weiteren werden aktuelle Trends in der Rekrutierung herausgearbeitet, sowie die verschiedenen Generationen definiert und relevante Eigenschaften aufgewiesen. Abschließend wird es einen Überblick geben, wie Unternehmen auf die Veränderung der Altersstruktur der Bevölkerung durch die Anpassung einzelner Bereiche des Personalmanagements reagieren können, ergänzt um einen Ausblick.

Der Demographische Wandel ist sehr vielschichtig. Auch in Zukunft werden fast alle gesellschaftlichen Bereiche von diesem Betroffen sein.[2] So ist an dieser Stelle darauf hinzuweisen, dass sich die Arbeit nur mit einem Ausschnitt des Themas „Demographischer Wandel" befassen wird.

---

[1] Vgl. Timmer, 2007, S.3.

[2] Vgl. Roloff,2003, S.8.

1

2 Demographischer Wandel

2.1 Definition

Der „demographische Wandel" ist die Veränderung der Bevölkerungsstruktur. Die Problematik lässt sich wie folgt beschreiben: Die Geburtenraten in Deutschland sinken, während gleichzeitig die Lebenserwartungen des Durchschnittsbürgers ansteigt. „Deutschland schrumpft", hierbei geht das Statistische Bundesamt davon aus, dass bis zum Jahr 2050 die deutsche Bevölkerung einen Rückgang von etwa 7 Millionen Menschen verzeichnen wird.[3] Auch die aktuell hohe Zuwanderung wird sich dabei weder signifikant auf die Bevölkerungsentwicklung auswirken, noch den Trend der Alterung der Bevölkerung umkehren.[4] Der demografische Wandel wirkt sich auf die gesamte Gesellschaft aus, da es durch die bereits erwähnte Problematik zu einer unausgeglichenen Altersverteilung kommt, die weitreichende Konsequenzen mit sich bringt.

Die folgende Abbildung zeigt verschiedene Varianten der Bevölkerungsentwicklung bis zur Vorausberechnung 2060. Hierbei werden die Auswirkungen des demografischen Wandels deutlich dargestellt. Die starken oder schwachen Zuwanderungen werden berücksichtigt. Dennoch wird eine fortwährende Veränderung der Bevölkerungsstruktur deutlich.

---

[3] Vgl. agentur-jungesherz.de, 2017.

[4] Vgl. Statistisches Bundesamt, 2017.

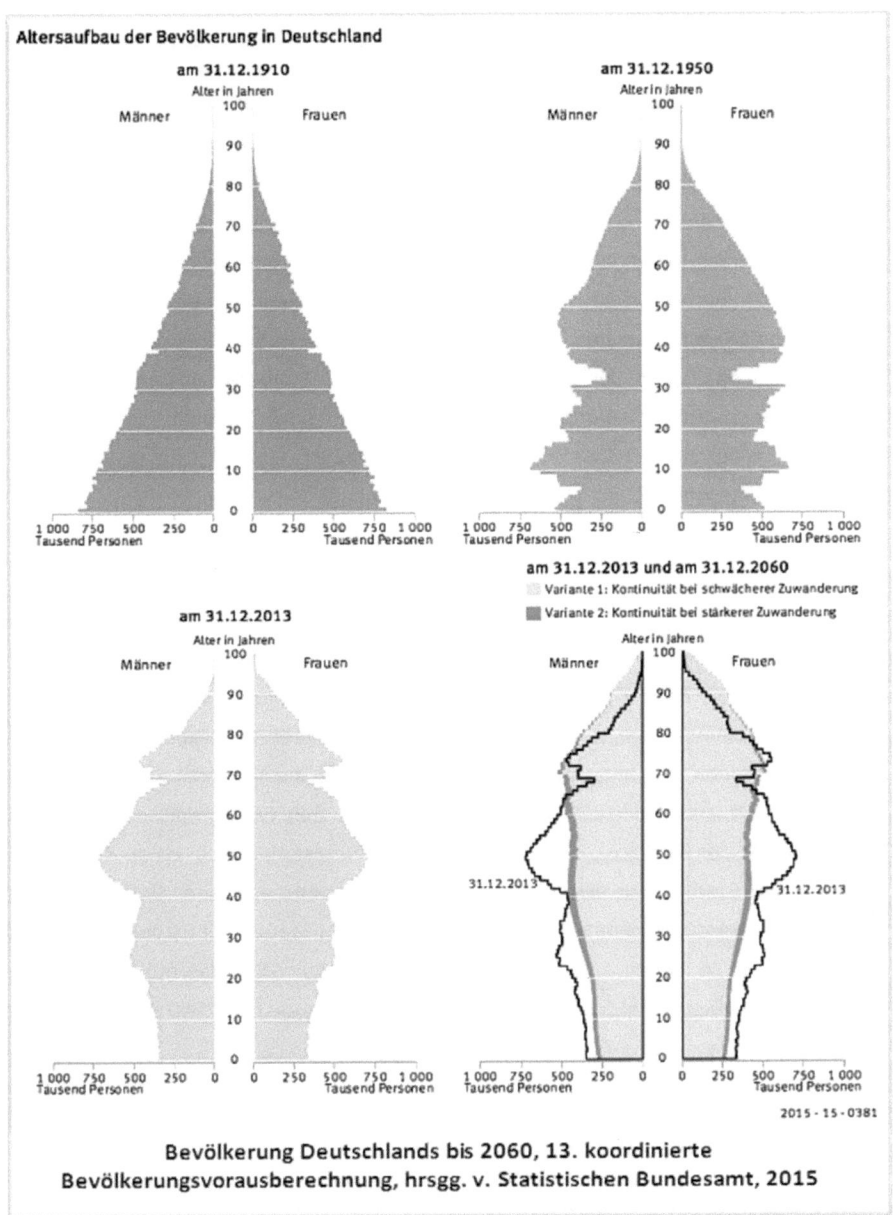

Bevölkerung Deutschlands bis 2060, 13. koordinierte
Bevölkerungsvorausberechnung, hrsgg. v. Statistischen Bundesamt, 2015

Abbildung 1: Bevölkerungsvorausberechnung[5]

---

[5] Vgl. Statistisches Bundesamt, 2015.

3

2.2 Ausgangssituation

Die Demographie ist eine Wissenschaft, die sich mit der Bevölkerungsentwicklung beschäftigt.[6] Ursachen und Gründe für die Entwicklung der Bevölkerung werden durch drei unabhängige Variablen bestimmt: Die Geburtenrate, die Sterblichkeit und der Wanderungssaldo.[7] Der demographische Wandel bezeichnet, wie bereits erwähnt, die Veränderung der Bevölkerungsstruktur. Die deutsche Bevölkerung ist davon sogar überproportional stark betroffen. Das Durchschnittsalter hat sich in den letzten 100 Jahren von 23 Jahren auf 40 Jahre erhöht und wird bis zum Jahr 2060 weiter auf 51 Jahre steigen.[8] Die bereits rückläufige Bevölkerungszahl wird weiter abnehmen, da die Zahl der Geborenen die Zahl der Gestorbenen übersteigt.[9]

Um ein besseres Verständnis zu ermöglichen, werden im Folgenden die Faktoren, die einen möglichen Einfluss auf den Demographischen Wandel üben, diskutiert und zusammenfassend dargestellt.

2.3 Faktoren

Die Theorie der Sterblichkeit hat sich in den letzten 130 Jahren stark verändert. Viele Faktoren, besonders in Deutschland haben dazu beigetragen, dass die Lebenserwartung der Bevölkerung deutlich gestiegen ist. Fortschritte im Gesundheitswesen, bessere Ernährung und Hygiene oder auch die besseren Arbeitsbedingungen und Wohnsituationen sind entscheidende Bestandteile, die zur Veränderung beigetragen haben.[10] Ein entscheidender Aspekt, der sich auf den demographischen Wandel auswirkt, ist der Rückgang der Säuglings- und Kindersterblichkeit. Hinzu kommt die gesunkene Sterblichkeit älterer Menschen.[11] Ausgehend von einer Geburt im Jahr 2005, liegt die durchschnittliche Lebenserwartung bei Frauen bei 81 Jahren und bei Männern bei 76 Jahren. Im Vergleich hierzu lag im Jahr 1910 das durchschnittliche Lebensalter gerade mal bei 47 bzw. 51 Jahren.[12] Bis zum Jahr 2060 wird die durch-

---

[6] Vgl. deutschlandinzahlen.de.

[7] Vgl. Kolev& Staubhaar, 2018.

[8] Vgl. Statistisches Bundesamt, 2015.

[9] Vgl. Statistisches Bundesamt, 2009.

[10] Vgl. bpb.de, 2012.

[11] Vgl. Statistisches Bundesamt, 2009.

[12] Vgl. Dahleke, 2008, S.4.

schnittliche Lebenserwartung voraussichtlich weiter steigen. Frauen werden dann bereits bei 89,2 Jahren liegen und Männer bei 85 Jahren.[13] Es lässt sich ableiten, dass dadurch absolut und relativ immer mehr Menschen zur älteren Generation gehören werden. So nimmt auch das Ziel der potenziellen Rentenbezieher zu, wobei durch die steigende Lebenserwartung auch der Ruhestand länger dauert. Der demographische Wandel ist und bleibt demnach eine Herausforderung für die sozialen Sicherungssysteme.[14]

Einer der wichtigsten Faktoren des demographischen Wandels in Deutschland ist die Geburtenentwicklung. Die endgültige Kinderlosenquote ist in den letzten Jahren nicht weiter angestiegen.[15] Dennoch liegt die aktuelle Geburtenhäufigkeit bei 1,4 Kindern pro Frau und ist damit zu niedrig, um die Bevölkerungszahl weiter aufrecht zu erhalten.[16] Das Bestandserhaltungsniveau liegt heute bei 2,1 Kindern pro Frau.[17]

Die Gründe für den Geburtenrückgang lassen sich nicht allein in einem singulären Schlüsselereignis finden. Die schrumpfende Geburtenrate wird unter anderem dadurch gestärkt, dass Kinder nicht mehr als zusätzliche Arbeitskräfte in der Familie und nicht mehr zwangsläufig als klassische Altersvorsorge für die Eltern gesehen werden. Es findet also ein Funktionswandel innerhalb der Familie statt. Zudem ist die Individualisierung der Gesellschaft gerade in Industrieländern, wie Deutschland, stark ausgeprägt. Der Wunsch nach Kindern wird verstärkt von den Interessen beider Lebenspartner geleitet. Darüber hinaus hat sich die Berufsorientierung der Frauen in der Weise geändert, dass viele erst nach absolvierte Ausbildung und fortgeschrittenen Alters, Kinder gebären möchten, was unter anderem aus biologischen Gründen zu ungewollter Kinderlosigkeit eines Paares führen kann.[18] Die Anzahl an freiwilliger und unfreiwilliger Kinderlosigkeit nimmt kontinuierlich zu.[19]

---

[13] Vgl. Statistisches Bundesamt, 2009.

[14] Vgl. Dahlke, 2008, S 4 f.

[15] Vgl. Statistisches Bundesamt, 2017.

[16] Vgl. Dahleke, S. 4.

[17] Vgl. Schmid, 2013.

[18] Vgl. Roloff, S. 13 f.

[19] Vgl. Statistisches Bundesamt, 2009, S. 26.

Um den Sachverhalt etwas zu verdeutlichen wird in der nachfolgenden Darstellung, der Geburten und Sterbefälle von 1946-2006 (BRD und DDR) dargestellt. Aus der Differenz von Geburten-und Sterbezahlen ergibt sich die natürliche Bevölkerungsentwicklung. Man kann erkennen, dass ab ca. dem Jahr 1972 die Sterbefälle höher als die der Geborenen sind („Sterbeüberschuss"). Wir halten also eine negative Bevölkerungsentwicklung fest. Zudem wird ersichtlich, das nun auch die Zuwanderung nicht mehr ausreicht, um diese Schrumpfung bei der natürlichen Entwicklung der Zahlen auszugleichen.

Abbildung 2: Bevölkerungsentwicklung[20]

Neben Geburten und Sterbefällen sind für die Bevölkerungsentwicklung die Wanderungsbewegungen von großer Bedeutung. Allerdings kann man sagen, dass die Entwicklungen schwer vorhersehbar sind, so das die Werte nur auf Schätzungen beruhen können. Der Wanderungssaldo ergibt sich aus der Differenz zwischen Zu-

---

[20] Vgl. Statistisches Bundesamt, 2015.

und Fortzügen.[21] Das Bevölkerungswachstum Deutschlands in den letzten Jahrzehnten ist auf einen überwiegend positiven Außenwanderungssaldo zurückzuführen. Es ist zu verzeichnen, dass seit Ende der 1950er Jahre in der Regel mehr Menschen aus dem Ausland in die Bundesrepublik ziehen als im gleichen Jahr das Land verlassen.[22] Dennoch unterliegt die Zahl der Zuzüge deutlichen Schwankungen und prägt so maßgeblich den Wanderungssaldo. So gab es im Jahr 2015 eine Zuwanderung von 2,14 Millionen Personen nach Deutschland, so viele wie nie zuvor.[23] Auch ohne Prognosen, scheint es so, dass die Einwanderung nach Deutschland auch in den nächsten Jahren stark sein wird. Der Grund: Deutschland gehört wirtschaftlich zu den stärksten Ländern mit einem Arbeitsmarkt, der für Wohlstand sorgt und somit zu einer Sogwirkung verhilft.[24]

Aus den dargestellten Veränderungen der einzelnen Faktoren lässt sich ableiten, dass der demographische Wandel eine der größten Herausforderungen für die Wirtschafts-, Finanz- und Sozialpolitik darstellt. Des Weiteren lässt sich deutlich eine unwiderlegbare Entwicklung hin zu einer alternden Bevölkerung erkennen.
Im Folgenden wird nun der Fokus auf die Konsequenzen für den Arbeitsmarkt gelegt.

2.4 Auswirkungen auf den Arbeitsmarkt in Deutschland

Auf Grund der vorangegangenen Ausführungen ist es unübersehbar, das der demographische Wandel vielseitige Herausforderungen und Folgen für Unternehmen nach sich zieht, die langfristig nicht zu unterschätzen sind.

Der Demographische Wandel sorgt wahrscheinlich dafür, dass sich der Arbeitsmarkt schneller und grundlegender verändern wird als vielfach angenommen. Wie bereits festgestellt wurde, tendiert unsere Gesellschaft zusätzlich zum Geburtenrückgang, auch zum älter werden. So kommt es, das einige Branchen einen baldigen Fachkräftemangel befürchten. Im Augenblick laufen aktuelle Prognosen des Statistischen Bundesamts darauf hinaus, dass sich im Vergleich von 2013 mit 2060 der Anteil der

---

[21] Vgl. bpb.de, 2016.

[22] Vgl. demografie-portal.de, 2016.

[23] Vgl. demografie-portal.de, 2016.

[24] Vgl. Eckert, 2017.

arbeitsfähigen Menschen zwischen 20 und 64 Jahren von 61% auf 51% verringern wird. Zur gleichen Zeit wird die Gesamtzahl der Bevölkerung in Deutschland von 80,8 Millionen auf 67,6 Millionen sinken.[25] Dies lässt zusammengenommen einen Rückgang der arbeitsfähigen Bevölkerung um absolut etwa 15 Millionen Menschen schlussfolgern, die damit dem Arbeitsmarkt 2060 weniger zur Verfügung stehen als 2013. Die Angst der Unternehmen über Fachkräfteengpässe ist also begründet. Bereits in naher Zukunft, im Jahr 2030 werden der Deutschen Wirtschaft Arbeitskräfte, allen voran Fachkräfte im einstelligen Millionenbereich, fehlen.[26] Die Unternehmen sind heute schon unterschiedlich betroffen. Ausbildungsplätze zu besetzen stellt sich für kleinere Betriebe als Problematik dar. Noch konnten in den letzten Jahren die Auswirkungen weitgehend aufgefangen werden, durch sinken der Arbeitslosenzahlen, Steigerung der Frauen-Erwerbsquote oder auch durch den Trend länger zu Arbeiten. [27]Dennoch stehen die Unternehmen jetzt und auch zukünftig durch den Wandel vor großen Herausforderungen.[28] Eine konkrete Maßnahme, die Betriebe inzwischen eingeleitet haben, um Fachkräfte zu finden: Recruiting im größeren Umfang. [29] Nachfolgend setzt sich das kommende Kapitel ausführlich mit dieser Thematik auseinander.

3 Rekrutierung

3.1 Definition

Der Begriff Rekrutierung beschreibt auch gleichermaßen die Personalgewinnung oder Personalbeschaffung. Die Rekrutierung umfasst den gesamten Prozess von der Suche bis zur Bereitstellung von Arbeitskräften. Hierbei werden die gewonnen Daten von der Personalbedarfsermittlung genutzt, um anhand derer den Personalbedarf eines Unternehmens in zeitlicher, quantitativer und qualitativer sowie räumlicher Hin-

---

[25] Vgl. Statistisches Bundesamt, 2015.

[26] Vgl. Stiftung Jugend und Bildung in Zusammenarbeit mit dem Bundesministerium für Arbeit und Soziales, 2016.

[27] Vgl. bundesregierung.de, 2017.

[28] Vgl. Mercer und Bertelsmann Stiftung, S.1.

[29] Vgl. haufe.de, 2014.

sicht zu decken.[30] Das Ziel ist also, den Personalbestand, präzise an den Personalbedarf anzupassen. Die Stärkung der Mitarbeiterbindung, Verbesserung des Arbeit-
geberimages oder einen Pool von Nachwuchskräften zu schaffen, werden hierbei
auch als Nebenziele verfolgt.[31] Unter anderem lässt sich die Rekrutierung in Interne,
welches die Personalentwicklung verfolgt und in externe Rekrutierung, welches die
Unternehmensaktive Suche darstellt um langfristig die geeignete Zielgruppe anzusprechen, unterschieden.[32] Der Demographische Wandel birgt, wie zuvor bereits
dargestellt, durch den Fachkräftemangel eine zunehmend schwierige Situation. So
wird eine qualitativ hochwertige Personalbeschaffung auf dem Arbeitsmarkt immer
wichtiger. Auch der kommende Teil dieser Arbeit wird sich mit der aktiven externen
Rekrutierung beschäftigen, also die aktive Ansprache von unternehmensexternen
Kandidaten.

3.2 Rekrutierung und deren aktuelle Trends

Um sich heute effizient und erfolgreich gegen den Wettbewerb durchsetzen zu können und so neue Talente zu gewinnen, müssen Unternehmen alle neuen Möglichkeiten umsetzen und den aktuellen Rekrutierungstrends folgen. Hochmoderne Techno-
logien, wie Big Data und komplexe HR-Softwares sind zunächst noch nur das Rekru-
tierungsinstrument der großen Konzerne.[33] Doch auch andere Wege führen zum Erfolg. Zu den zurzeit wichtigsten Rekrutierungstrends gehören zum einen Employer
Branding, welches sich mit der internen Schlüsselherausforderung beschäftigt, indem
man eine langfristige Bindung der Mitarbeiter durch eine zum Beispiel Work-Life-
Integration erzielt, und wiederrum auf der anderen Seite das Active Sourcing. Hier
werden gezielt durch Soziale Netzwerke oder Karriere- Netzwerke spezielle Fachkräfte rekrutiert, die sich bereits in einem Beschäftigungsverhältnis befinden.[34] So
werden zur Suche bei speziellen Fachkräften, also hochqualifiziertes und erfahrenes
Personal, Headhunter eingeschaltet. Diese Methode wird von Unternehmen aber nur
selektiv genutzt, was sicherlich mit den hohen Kosten verbunden ist, die mit der Ein-

---

[30] Vgl. Jung, 2001.

[31] Vgl. agentur-jungesherz.de, 2017.

[32] Vgl. business-wissen.de, 2016.

[33] Vgl. rekrutierungserfolg.de, 2017.

[34] Vgl. Weitzel et al., 2013, S.6.

schaltung eines Personalvermittlers/ Headhunters verbunden sind.[35] Des Weiteren gehören zu den aktuell erfolgreichen Rekrutierungskanälen, die Online-Jobbörsen und Karriere Homepages, sowie das Rekrutieren über Social Media.[36] Hierbei ist anzumerken, das Unternehmen gerade im Zeitalter der digitalen Kommunikation den Kampf um die besten Talente nur gewinnen, wenn sie Präsent auf allen modernen Kommunikations- Plattformen sind. Transparenz, Informationen und der Austausch sind elementare Bestandteile, um heute Mitarbeiter zu Rekrutieren. Die Unternehmenskultur, welche heute Transparent nach außen getragen werden sollte, stellt den elementarsten Faktor für eine erfolgreiche Rekrutierung dar. Wichtig hierbei ist es, dass man nicht alle Trends verfolgt und sich darin verliert.[37] So sollte jedes Unternehmen für sich entscheiden, welche Rekrutierungsmöglichkeiten es wählt, um effizient gute potenzielle Mitarbeiter anzusprechen.

3.3 Rekrutierung der verschiedenen Generationen

Im folgenden Abschnitt werden die verschiedenen Generationen beleuchtet und wie man diese in Zeiten des demographischen Wandels am besten Rekrutiert. Hierbei beziehe ich mich auf die Generation Y und auf die Generation der Baby-Boomer. Generation Y (Englisch: Why?), Millennials oder auch Digital Natives. Eine genaue Bezeichnung dieser Generation gibt es nicht, aber gemeint ist die gleiche Personengruppe, nämlich jene Gruppe von Menschen, die um die Jahrtausendwende im Kindes- oder Jugendalter war, also in einem Zeitraum von 1980 bis 2000 geboren sind und somit selbstverständlich mit der Digitalen Welt vertraut sind.[38] Charakterisierend für diese Generation sind die Forderungen an Wahlmöglichkeiten und Kompetenzen, weg von der Hierarchie. Geprägt durch Freizeit- und Konsumangebot ist das Verlangen nach Erfahrungsreichtum und Selbstverwirklichung groß.[39] Um als Unternehmen die stark umworbene Generation für sich zu gewinnen, muss man umdenken. Die Forderungen und Bedürfnisse von Selbstverwirklichung und Flexibilität zu berücksichtigen ist ein absolutes muss. Für eine erfolgreiche Rekrutierung braucht man die richtigen Kanäle um diese Generation auch zu erreichen. Das Aufbauen und Positio-

---

[35] Vgl. Peters, Goesmann und Hellert, 2013, S. 11.

[36] Vgl. rekrutierungserfolg.de, 2017.

[37] Vgl. Zahnd, 2016.

[38] Vgl. gruenderszene.de, 2016.

[39] Vgl. Reichmann, 2016.

nieren der Arbeitgebermarke in den sozialen Netzwerken ermöglicht eine zielgruppengenaue Ansprache potenzieller Bewerber. Auch ist die Belohnung und Anerkennung, sowie die Work-Life-Balance für Sinnhaftigkeit, Transparenz und Nachhaltigkeit bei der Arbeit sehr wichtig. [40]Glück geht bei dieser Generation vor Geld. Trotz alledem, wird wie bereits in den letzten Kapiteln ausführlich erläutert, durch den Demographischen Wandel das Angebot an Arbeitskräften zunehmend weniger. Was zu der Strategie führt, auch gezielt ältere Arbeitnehmer anzuwerben, also die Generation der Baby Boomer. Diese bezeichnet in Deutschland die geburtenstarken Jahrgänge von Mitte der 50er bis Mitte der 60er Jahre. Für diese Arbeit sollen die älteren Arbeitnehmer definiert werden als Mitarbeiter, die in der zweiten Hälfte ihres Berufslebens stehen, sowie gesund und arbeitsfähig sind und das Rentenalter noch nicht erreicht haben.[41] Im Gegensatz zur Generation Y, haben die älteren Arbeitnehmer die Einstellung: „leben, um zu arbeiten" und werden somit als absolut leistungsorientierte und strebsame Konformisten angesehen. [42] Um sicherzustellen, dass man die Älteren auch mit den Rekrutierungskanälen erreicht lohnt es sich, explizit hervorzuheben, dass das Unternehmen an ihnen interessiert ist. Auch sollte um Vorurteile gegen den alten Stereotypen vorzubeugen, die verantwortlichen Mitarbeiter für die Einstellung sensibilisiert werden. [43] Weitere Methoden zum Anwerben älterer Mitarbeiter, stellt zum einen der Einsatz von Headhuntern dar, sowie die Netzwerksnutzung der eigenen älteren Mitarbeiter.[44] Wenn die Belegschaft altert und somit vermehrt Personal in den Ruhestand geht, ist das häufig mit einem Wissens- und Erfahrungsverlust für Unternehmen verbunden. Um diesen Verlust vorzubeugen, sollte man den Wissenstransfer durch zum Beispiel Teambildung zwischen Jüngeren und Älteren Mitarbeitern sicherstellen.[45] Dieses Vorgehen ruft eine Vielschichtigkeit der Belegschaft hervor und könnte so zu einer verbesserten Personalvielfalt (Diversity Management) beitragen. Häufig wird noch mit Vorurteilen, wie fehlendem Leistungswillen, längeren Ausfällen oder fehlender Flexibilität argumentiert, wenn es um die

---

[40] Vgl. talention.de, 2013.

[41] Vgl. Hartmann, 2014, S. 58.

[42] Vgl. Geißler, 2005.

[43] Vgl. Bundesministerium für Wirtschaft und Technologie, 2013, S.2 f.

[44] Vgl. Dr. Achtenhagen, Gorbenko, Dr. Wolf von der Sahl und Michalski, 2013, S.7.

[45] Vgl. Braun, 2007, S. 16.

Einstellung von Älteren geht.[46]Dabei sind oft gerade ältere Mitarbeiter vom großen Nutzen für Unternehmen. Hohe Motivation und Arbeitsproduktivität zeichnet, bedingt durch der unter Beweisstellung noch vorhandener Leistungsfähigkeit, diese Gruppe von Menschen aus. Auch bringen diese Berufserfahrungen und Fachwissen mit. Durch die in der Regel abgeschlossene Familienplanung, erlangt das Unternehmen Einsatzflexibilität. [47] Aufgrund der Tatsache, dass es langfristig zu einem Ungleichgewicht von Arbeitskräfteangebot und -nachfrage kommen wird, sollten eventuelle Vorurteile abgebaut werden und ältere Arbeitnehmer ebenso wie Junge angeworben, sowie auch gehalten werden.

3.4 „War for Talents"

Hervorgerufen durch die Folgen des demographischen Wandels und dem einhergehenden Fachkräftemangel kommt es zum zunehmenden Buhlen der Unternehmen um die High Potentials. Der steigende Konkurrenzdruck der Firmen im Kampf um diese jungen Nachwuchs- Talente nennt man „War for Talents", geprägt von dem amerikanischen McKinsey-Direktor Ed Michaels.[48] Die anspruchsvolle und selbstbewusste Generation Y besitzt die Freiheit sich heute die Arbeitgeber aussuchen zu können. Die Unternehmen müssen sich also vergleichsweise attraktiv darstellen, um die qualifizierten Mitarbeiter für sich gewinnen zu können.[49] Die Herausforderung besteht unter anderem darin, auf Dauer gut qualifizierte, kreative und innovative, flexible, leistungsfähige sowie leistungsbereite Arbeitnehmer im eigenem Unternehmen beschäftigen zu können.[50] Die Umkehrung der Machtverhältnisse erfordert neue Strategien in der Rekrutierung. Um die besten Bewerber auf das eigene Unternehmen aufmerksam zu machen, werden fortan im Rekrutierungsprozess verschiedene Marketingstrategien, wie zum Beispiel Social und Mobile Recruiting, eingesetzt.[51]Der „War for Talents" wird sich voraussichtlich auf Grund des mangelnden Arbeitskräfteangebots weiter verschärfen.[52] Demnach wird der demographische Wandel Auswirkungen auf den gesamten Arbeitsmarkt haben.

---

[46] Vgl. Braun, 2007, S. 74.

[47] Vgl. Dr. Achtenhagen et al., 2013, S. 2 f.

[48] Vgl. Mc Kinsey Deutschland, 2013, S. 6 ff.

[49] Vgl. Dahleke, 2008, S.22.

[50] Vgl. Nieder& Michalk, 2009, S.54.

[51] Vgl. Braun, 2007, S. 13.

[52] Vgl. Nieder& Michalk, 2009, S. 22.

4 Personalrekrutierung

In den vorangegangenen Kapiteln hat sich diese Arbeit mit dem demographischen Wandel und deren Auswirkungen und Bedeutung auseinandergesetzt, so wohl auch die verschiedenen Rekrutierungsmöglichkeiten in diesen Zeiten beleuchtet. Um im späteren Verlauf Handlungsmöglichkeiten für Unternehmen hinsichtlich der Rekrutierung von Mitarbeitern geben zu können, werden im Folgenden die Grundlagen der Personalgewinnung erläutert. Die wertvollste Ressource eines Unternehmens sind die Mitarbeiter. Mit dessen Motivation, Kreativität und Leistungsfähigkeit setzten sie die Voraussetzungen für die optimale Umsetzung der Unternehmensziele. Die Gewinnung von talentierten Mitarbeitern gestaltet sich vor diesem Hintergrund als eine wichtige Herausforderung.[53]

4.1 Personalgewinnung

Wie bereits in den vergangenen Kapiteln dargestellt, wird sich auf Grund der Auswirkungen des demographischen Wandels besonders auch der „War for Talents", weiter verschärfen. Sich als attraktiver und interessanter Arbeitgeber auf dem Arbeitsmarkt darzustellen, wird somit eine große Herausforderung für die Unternehmen.

Um dies zu gewährleisten muss jedes Unternehmen mit der Personalbeschaffung einen Grundstein für eine nachhaltige und effektive Personalarbeit legen. Unter Personalbeschaffung versteht man die Suche und Bereitstellung von Personalressourcen, die der Deckung des Personalbedarfs dient.[54] Mittlerweile liegt ein Wandel in der Personalbeschaffung vor, indem sich ein neues Verständnis von dem Prozess entwickelt hat. Mitarbeiter die sich vom Arbeitsmarkt beschaffen lassen und dem Unternehmen jederzeit zur Verfügung stehen, sind nicht mehr gegeben. Heute haben qualifizierte Arbeitskräfte mehrere Alternativen, so müssen die richtigen Arbeitskräfte gewonnen und überzeugt werden. Das Synonym Personalgewinnung wird den älteren Begriff Personalbeschaffung bald verdrängen.[55] Im Folgenden werde ich das Synonym Personalgewinnung weiterverwenden. Die Arbeit der Personalgewinnung unterteilt sich dabei in drei Schritte. Am Anfang steht die Festlegung des Personalbedarfs. So wäre hier zum Beispiel zu klären, wie viele Mitarbeiter in einem Team ge-

---

[53] Vgl. Jaschke, 2008, S. 34 f.

[54] Vgl. Berthel& Becker, 2007, S. 247.

[55] Vgl. Warkentin, 2016.

braucht werden und was diese leisten müssen. Auch sollte hier geklärt werden welche Qualifikationen und Fähigkeiten benötigt werden, um die erwarteten Leistungen zu erbringen.[56] Im zweiten Schritt, welcher auch oft als „Kern" der Personalgewinnung betrachtet wird, geht es um die Deckung dieses Personalbedarfs, also um die Personalansprache. Mittelpunkt dieser Aufgabe ist es Mitarbeiter zu suchen, auszuwählen und gegebenenfalls einzustellen.[57] Im letzten Schritt findet die Personalauswahl und -einarbeitung statt. Wir sprechen an dieser Stelle von einer möglichst langfristigen Personalplanung. Um das Risiko zu minimieren unerwartet unter Personalmangel zu leiden, soll hierbei bereits frühzeitig ermittelt werden, wie sich die Personalsituation im Unternehmen verhalten und entwickeln wird. Unter anderem sollten bei der Personalgewinnung die qualitativen, quantitativen und räumlichen Aspekte betrachtet werden.[58]

Bei den Maßnahmen der Personalgewinnung wird in aktive und passive Personalgewinnung unterschieden. Wenn Unternehmen selbst aktiv werden und Suche nach passenden Kandidaten betreiben, spricht man von aktiver Personalgewinnung. Dem gegenüber die passive Personalgewinnung. Hier wird auf eine vorhandene Datenbank zurückgegriffen, die aus eingehenden Initiativbewerbungen zusammengestellt wurde. Da bei der aktiven und passiven Form neue Mitarbeiter von außen ins Unternehmen geholt werden- entweder vom Arbeitsmarkt oder auch von anderen Arbeitgebern, zählen so beide Kategorien zur externen Personalgewinnung. Wie bereits in den vorangegangenen Kapiteln erläutert, gehört hierbei auch die interne Variante dazu, bei der vorhandene Mitarbeiter genutzt werden, um den Personalbedarf an anderer Stelle zu decken.[59] Zusammenfassend ist eine erfolgreich und optimale Personalgewinnung dann gegeben, wenn der Personalbedarf nach allen Kriterien gedeckt wird und dabei gleichzeitig die Kosten so gering wie möglich gehalten werden. Dies ist für Unternehmen unabdingbar.

---

[56] Vgl. Bühner, 2004, S.69.

[57] Vgl. Warkentin, 2016.

[58] Vgl. Bühner, 2005, S.69 ff.

[59] Vgl. Klimecki& Gmür, 2005, S.162 ff.

4.2 Personalauswahl

Die Personalauswahl ist der nächste Schritt nach der Personalgewinnung. Hierbei wird der Bewerber auf das Eignungspotential hinsichtlich der Anforderungen der zu besetzenden Stelle analysiert.[60] An dieser Stelle spricht man von der Personalselektion. Dabei geht es darum, eine Entscheidung aus dem Angebot an internen und/ oder externen Bewerbern über die Besetzung einer freien Stelle zu treffen. Heute sind die hierfür zur Verfügung stehenden Personalauswahlverfahren und Methoden extrem vielschichtig und reichen von Interviews und Fragebögen über eignungsdiagnostische Verfahren bis hin zu mehrstufigen Assesment Center mit Gruppen und Einzelübungen, sowie Intelligenz- oder Persönlichkeitstests.[61] Um eine Anstellungsentscheidung zu treffen sollte grundsätzlich eine Voranalyse sowie eine Hauptanalyse durchgeführt werden. Die Bewerber, die auf keinen Fall für die Stelle in Frage kommen, werden bereits schon in der Voranalyse selektiert. Durch weitere Interviews oder Tests werden die Anwärter in der Hauptanalyse genauer analysiert. Anschließend werden alle gesammelten Informationen zusammengefasst und es wird genau abgewogen, welcher Bewerber die Zusage erhält.[62] Dieser Auswahlprozess wird von mehreren „Personalauswahl-Akteuren" begleitet. Alle Bewerbungen landen in der Regel zuerst in der Personalabteilung, wo diese dann auf Form, Optik, Umfang und Eignung überprüft werden. Nach dem ersten Filtern interessiert sich dann der Personalverantwortliche dafür, ob die verbliebenden Kandidaten zur Stelle und der Unternehmenskultur passen. Anschließend erfolgt die Kontrolle von fachlicher Eignung und Potenzial durch den entsprechenden Fachvorgesetzten. In Betrieben mit mehr als 20 Mitarbeitern würde im letzten Schritt der Betriebsrat prüfen, was möglicherweise einer Einstellung entgegenstehen würde und endgültig entscheiden.[63]

4.3 Handlungsempfehlungen

Um auf die Auswirkungen des demographischen Wandels reagieren zu können, sind die folgenden Handlungsempfehlungen aus unternehmerischer Sicht zu überprüfen. Im Bezug darauf, werde ich im anschließenden die Personalgewinnung und -auswahl

---

[60] Vgl. Döring& Wöhe, 2008, S. 141.

[61] Vgl. Mai, 2016.

[62] Vgl. Studer, S. 63.

[63] Vgl. Mai, 2016.

nochmals genauer beleuchten, sowie mit der Personalentwicklung eine Ergänzung anführen.

Eine allgemein gültige Musterlösung für eine erfolgreiche Personalgewinnung gibt es nicht, daher bietet es sich für ein Unternehmen an, einen Mix aus verschiedenen der in Punkt 3.2 dargestellten Instrumente zu verwenden. Ob die einzelnen Instrumente, wie zum Beispiel Employer Branding oder Active Sourcing geeignet sind ist abhängig von einer Vielzahl an Einflussfaktoren, wie etwa die vorhandenen Ressourcen und finanziellen Möglichkeiten, sowie auch die Unternehmensgröße.

Es sollten sowohl traditionelle Techniken, wie die Nutzung von Stellenanzeigen in Printmedien, sowie aber auch moderne, wie Online- Stellenbörsen angewendet werden. So ist es realisierbar, flächendeckend die verschiedenen Generationen anzusprechen, also die Potenziellen Mitarbeiter. Entscheidend für ein Unternehmen ist es, sich von der Konkurrenz abzugrenzen und die Alleinstellungsmerkmale herauszustellen. Zuerst sollten die Unternehmen ihre Zielgruppen für die jeweils zur Verfügung stehenden Stelle genau analysieren und festlegen. Darauf bauend lässt sich die passende Personalwerbung gestalten.

Im weiteren Verlauf werde ich meinen Fokus auf junge, qualifizierte Kandidaten legen- Generation Y. Um diese Art von Zielgruppe für sich zu gewinnen und später als potenziellen Mitarbeiter zu beanspruchen, sollte man eine frühe Rekrutierungsarbeit in Erwägung ziehen. Das Hochschulmarketing stellt dafür ein wichtiges Instrument dar. Es ist eine Kostensparende Methode und verursacht dabei nur einen geringen Streuverlust. Unter anderem könnten Unternehmen so aktiv und direkt über die Hochschulen an die Studenten, und somit an die potenzielle Zielgruppe herantreten. Um den Studenten die Möglichkeit zu bieten, das Unternehmen gezielt ansprechen zu können, sowie relevante Informationen zu bekommen, sollten Zeit und Finanzielle Mittel zum Beispiel in Form eines Standes bei Hochschulmessen investiert werden. So kann ein Unternehmen an Messetagen Präsenz zeigen und darüber hinaus in Betracht kommende Bewerber kennen lernen. Abschließend hierzu ist zu erwähnen, dass in Zeiten des demographischen Wandels auch ein Umdenken stattfinden muss, um die stark umworbenen Arbeitnehmer für sich zu gewinnen. Speziell für die Personengruppe der digital natives muss bei der Personalgewinnung das Internet, als Repräsentant der neuen Medien ein unumgängliches Instrument darstellen. Hinsichtlich dieser Sache sind die entscheidenden Kriterien eine ansprechende, aufschlussreiche Internetseite des Unternehmens, sowie die Gestaltung von Online-Stellenbörsen. Bei der Personalauswahl sollten Unternehmen auf klassische Instrumente, wie die in Kapitel 4.2 erwähnten Auswahlverfahren zurückgreifen. Ein Methoden-Mix empfiehlt sich auch hierbei. Nach gründlicher Prüfung der Bewerbungsunterlagen, lohnt sich bei einer großen Bewerberzahl ein Assessment Center, um die Stärken und Schwächen der Bewerber heraus zu kristallisieren. Im Anschluss daran sollte auf keinen Fall darauf verzichtet werden, ein Persönliches Gespräch mit dem Bewerber zuführen, umso eine Eignung fürs Unternehmen gezielt festzustellen.

An dieser Stelle wird als Ergänzung zur Personalgewinnung und -auswahl, die Personalentwicklung angeführt.[64] Durch dieses Verfahren lässt sich eine Dequalifizierung und Demotivation der Mitarbeiter entgegenwirken.[65] In Anbetracht dessen, sollte dies kontinuierlich und auch im höheren Alter eingesetzt werden. Unternehmen sollten vor diesem Hintergrund insbesondere auch um die älteren Arbeitnehmer und dessen Förderung bemüht sein. Auf diese Weise lässt sich die Motivation dieser Mitarbeitergruppe steigern, sowie deren Wissen und die Erfahrungen im Unternehmen möglichst lange halten. Diese Chance sollte generell allen Mitarbeitern geboten werden. Hierzu trägt eine offene Kommunikation mit den Angestellten bei. Es muss Bedarf erkannt und kommuniziert werden. Auch sollten bewusst Ziele für die Entwicklung des Personals definiert werden. Denn Zufriedene Mitarbeiter die sich gefordert und gefördert fühlen, bleiben in der Regel länger bei einem Arbeitgeber. Dieses Thema hat ebenfalls eine große Bedeutung für das Recruiting. Um einen Anreiz für potenzielle Mitarbeiter zu bieten, sollte auch nach außen kommuniziert werden, dass im jeweiligen Unternehmen die Personalentwicklung großgeschrieben wird. Um Mitarbeiter langfristig an das Unternehmen zu binden, stellt eine wertschätzende Führung und Kommunikation zwischen den Mitarbeitern und der Führungsebene ein unerlässliches Instrument dar. Welche weiteren Förderungsmaßnahmen letztendlich Sinn ergeben, hängt von den Zielen und der Struktur des Unternehmens ab, sowie, ob es sich um Berufseinsteiger oder erfahrene Mitarbeiter handelt. Letzteres könnte

---

[64] Bühner (2005), beschreibt „Der Begriff Personalentwicklung beinhaltet die planmäßige Erweiterung der fachlichen, methodischen, sozialen und persönlichen Qualifikationen der Mitarbeiter" (S.95).

[65] Vgl. Bille, 2009, S. 90.

man beispielsweise mit Weiterbildungen, Coachings oder Trainings weiterentwickeln lassen.[66] Schlussendlich müssen aber, um trotz des demographischen Wandels die Produktivität der Mitarbeiter und die Wettbewerbsfähigkeit des Unternehmens zu erhalten, weitere Unternehmensstrategien entwickelt werden.[67] Eine altersgerechte Arbeitsgestaltung, flexible Arbeitszeitmodelle und die Möglichkeit der internen Laufbahngestaltung, wären dafür mögliche Ansatzpunkte. Um den Weg zu einem guten Arbeitgeber, sowie einem erfolgreichen Unternehmen mit hochqualifizierten und motivierten Mitarbeitern zu gewährleisten, muss man die Personalentwicklung als einen Kreislauf, der nicht beendet wird, betrachten. Maßnahmen und Prozesse müssen stets bewusst geplant, sowie weiterentwickelt werden.

5 Zusammenführung

Im Folgenden wird, um ein besseres Verständnis zu ermöglichen, der Zusammenhang zwischen dem demographischen Wandel und die daraus resultierenden Auswirkungen auf die Rekrutierung von Mitarbeitern nochmals aufgegriffen und dargestellt.

Die Haupteinflussfaktoren des demographischen Wandels sind, wie bereits erläutert, die steigende Lebenserwartung, der Rückgang der Geburtenhäufigkeit sowie der Wanderungssaldo. Dabei sind die Fakten, dass das Durchschnittsalter der Bevölkerung steigt und dabei gleichermaßen die Anzahl der erwerbstätigen Bevölkerung sinkt, besonders interessant für Unternehmen. Es lässt sich also festhalten, dass der Wandel der Demographie in der Wirtschaft angekommen ist und somit immer mehr das Tagesgeschäft von Personalverantwortlichen und Geschäftsführung bestimmt. Die allgemeine demographische Entwicklung wirkt sich auf fast alle Bereiche der Personalarbeit aus. In Folge dessen, wird der Umgang mit den Auswirkungen zunehmend zum Wettbewerbsfaktor. Denn es ist deutlich hervorzuheben, dass durch den Wandel ein starker Fachkräftemangel herrscht. Hinzukommend zur alternden Belegschaft, ist die Rekrutierung der neuen Generation Y, durch die genannten Gründe im Kapitel 3.3, eine Herausforderung für Unternehmen. Nicht nur die Demographie befindet sich im Wandel, sondern auch die Unternehmen.

---

[66] Vgl. Schleuniger, 2017.

[67] Vgl. Bille, 2009, S. 32.

6 Fazit

Ziel der vorliegenden Arbeit war es aufzuweisen welche Auswirkungen der demographische Wandel auf die Rekrutierung von Mitarbeitern hat. Dabei ergab sich unter anderem, dass in Unternehmen in Bezug auf die Personalarbeit, ein Umdenken stattfinden muss, da sonst die Gefahr eines Fachkräftemangels, sowie eine drastische Reduzierung der Wettbewerbsfähigkeit droht.

Zudem konnte ermittelt werden das der demographische Wandel, zwangsläufig zu einer Erhöhung der Erwerbsbeteiligung älterer Menschen führt, da gemessen an den Geburtenrückgang die Absolventenzahlen immer geringer werden und so eine Rekrutierung von jungen, qualifizierten Arbeitskräften immer schwieriger wird. In Folge dessen, muss eine Einstellung auf die Bedürfnisse der älteren Menschen erfolgen. Des Weiteren sollte eine Arbeitsfähigkeit dieser Personengruppe möglichst lange gewährleistet, wie auch deren Erfahrung und Leistungen, anerkannt werden. Die Entwicklung und Weiterbildung von allen Arbeitnehmern garantiert die Motivation der Belegschaft und ermöglicht zusätzliche Bindungen zum Unternehmen. Das geeignete Einsetzen der Betriebsangehörigen, entsprechend der Fähigkeiten, ist dabei unabdingbar. Junge Nachwuchskräfte müssen vor dem Hintergrund geringer Absolventenzahlen für das eigene Unternehmen rechtzeitig mit passenden Marketing- und Rekrutierungsmaßnahmen gewonnen werden.

Abschließend lässt sich feststellen, dass die Personalgewinnung und die damit einhergehende Rekrutierung von Mitarbeitern effizient vorbereitet und umgesetzt werden muss, um trotz des demographischen Wandels und den daraus folgenden Problemen eine ausgewogene Mitarbeiterstruktur sicherzustellen. Insgesamt lässt sich hieraus der Schluss ziehen, dass es von maßgeblicher Relevanz ist, das eigene Unternehmen mit Alleinstellungsmerkmalen von der Konkurrenz abzugrenzen und so die für sich gewonnenen Mitarbeiter langfristig zu binden. Nur so kann in letzter Instanz auf Dauer der Wissenstransfer zwischen Alt und Jung gewährleistet werden und den Erfolg des Unternehmens langfristig sichern. Insofern steht zu hoffen, dass in Zukunft, die aus den Folgen des Wandels entstandenen Herausforderungen für Unternehmen und Arbeitsmarkt bewältigt werden können.

Quellenverzeichnis

Literatur

Berthel, J.; Becker, F. (2007). Personal-Management Grundzüge für Konzeptionen betrieblicher Personalarbeit, 8. Auflage. Stuttgart: Schäffer-Poeschel Verlag.

Bille, L. (2009). Age Management-Konzepte für das Personalwesen. Erfahrungen und Konsequenzen, 1. Auflage. Hamburg: Diplomica Verlag.

Braun, M. (2007). Demographischer Wandel auf Personalebene. Auswirkungen auf die strategische Personalentwicklung. Saarbrücken: VDM Verlag.

Bühner, R. (2004). Personalmanagement. 3. Auflage. München: Oldenburger Wissenschaftsverlag.

Dahleke, C. (2008). Demographischer Wandel in der Arbeitswelt. Herausforderungen und Handlungsansätze für Klein- und mittelständische Unternehmen. Saarbrücken: VDM Verlag.

Döring, U.; Wöhe, G. (2008). Einführung in die Allgemeine Betriebswirtschaftslehre. 23. Auflage. München: Vahlen.

Hartmann, M. (2014). Rekrutierung in einer zukunftsorientierten Arbeitswelt. Wiesbaden: Springer, Gabler.

Jaschke, T. (2008). Mitarbeiterrekrutierung und -bindung als zentrale Herausforderung eines wissensbasierten Unternehmens. Hamburg: Diplomica Verlag.

Klimecki, R.; Gmür, M. (2005). Personalmanagement, 3. Auflage. Stuttgart: UTB, Stuttgart.

Nieder, P.; Michalk, S. (2009). Modernes Personalmanagement. Weinheim: Wiley-VCH.

Roloff, J. (2003). Demographischer Faktor. Hamburg: Europ. Verlagsanstalt.

Studer, J. (2005). Personal Management, 3. Auflage. Bern: Cosmos- Verlag.

Timmer, B. (2007). Demografischer Wandel und Personalpolitik. Hamburg: Salzwasser-Verlag.

Internetquellen:

Agentur Junges Herz. (2017). Demographischer Wandel. Abgerufen am 05.01.2018 von www.agentur-jungesherz.de https://www.agentur-jungesherz.de/hr-glossar/demographischer-wandel.

Bundesministerium für Wirtschaft und Technologie. (2013). Fachkräfte finden- Rekrutierung Älterer. Abgerufen am 26.01.2018 von https://www.bmwi.de/Redaktion/DE/Publikationen/Ausbildung-und-Beruf/fachkraefte-finden-rekrutierung-aelterer.pdf?__blob=publicationFile&v=3.

Bundeszentrale für Politische Bildung. (2012). Die soziale Situation in Deutschland. Abgerufen am 05.01.2018 von http://www.bpb.de/nachschlagen/zahlen-und-fakten/soziale-situation-in-deutschland/61547/lebenserwartung.

Bundeszentrale für Politische Bildung. (2016). Zahlen und Fakten Europa. Abgerufen am 05.01.2018 von http://www.bpb.de/nachschlagen/zahlen-und -fakten/europa/70531/wanderungssaldo.

Business- und Wissensportal. (2017). Die Recruiting Trends für 2017. Abgerufen am 25.01.2018 von https://www.rekrutierungserfolg.de/newsroom/titel/umfrage-das-sind-die-recruiting-trends-fuer-2017.html.

Business Wissen. (2016). Prozess der Personalbeschaffung. Abgerufen am 20.01.2018 von https://www.business-wissen.de/hb/prozess-der-personalbeschaffung/.

Demografie Portal des Bundes und der Länder. (2016). Deutschland ist ein Zuwanderungs-land. Abgerufen am 05.01.2018 von https://www.demografie-potal.de/SharedDocs/Informieren/DE/ZahlenFakten/Wanderung_Deutschland_Ausland.html.

Deutschland in Zahlen. (Erstelldatum Unbekannt). Demografie in Deutschland. Abgerufen am 05.01.2018 von https://www.deutschlandinzahlen.de/tab/deutschland/demografie.

Dr. Achtenhagen, C., Gorbenko, A., Dr. Wolf von der Sahl, J., Michalski, C. (2013). Rekrutie-rung Älterer. Abgerufen am 26.01.2018 von https://www.kofa.de/fileadmin/Dateiliste/Publikationen/Handlungsempfehlungen/Handlungse mpfehlung_Rekrutierung_Aelterer.pdf

Eckert, D. (2017). 18,6 Millionen mit Migrationshintergrund in Deutschland. Abgerufen am 05.01.2018 von https://www.welt.de/wirtschaft/article169871030/18-6-Millionen-mit-Migrationshintergrund-in-Deutschland.html.

Geißler, C. (2005). Was sind Babyboomer?. Abgerufen am 26.01.2018 von http://www.harvardbusinessmanager.de/heft/artikel/a-620759.html.

Gründerszene Lexikon. (Erstelldatum Unbekannt). Generation Y. Abgerufen am 26.01.2018 von https://www.gruenderszene.de/lexikon/begriffe/generation-y.

Haufe Group. (2014). Derzeitige Maßnahmen gegen den Fachkräftemangel. Abgerufen am 16.01.2018 von https://www.haufe.de/personal/hr-management/derzeitige-massnahmen-gegen-den-fachkraeftemangel_80_270964.html.

Jung, H. Personalwirtschaft. (2001). Personalwirtschaft. Abgerufen am 20.01.2018 von http://www.daswirtschaftslexikon.com/e/personalwirtschaft/personalwirtschaft.htm.

Mai, J. (2016). Personalauswahl: Was Bewerber wissen müssen. Abgerufen am 12.02.2018 von https://karrierebibel.de/personalauswahl/.

Mc Kinsey Deutschland. (2011). Wettbewerbsfaktor Fachkräfte- Strategien für Deutschland. Abgerufen am 27.01.2018 von https://www.mckinsey.de/files/fachkraefte.pdf

Mercer und Bertelsmann Stiftung. (2017). Deutschland ist ein Zuwanderungsland. Abgerufen am 16.01.2018 von

http://www.demographienetzwerk.de/fileadmin/content/news/pdf/xcms_bst_dms_35961_359
62_2.pdf

Presse- und Informationsamt der Bundesregierung. (2017). Fachkräftemangel entgegenwirken. Abgerufen am 16.01.2018 von
https://www.bundesregierung.de/Content/DE/Artikel/2017/08/2017-08-30-fortschrittsbericht-
fachkraeftekonzept.html.

Reichmann, L. (2016). Wie man die Generation Y Rekrutiert- Ein Blick hinter die Fassade der
Millennials. Abgerufen am 26.01.2018 von
https://www.talentry.com/wie-funktioniert-die-rekrutierung-der-generation-y.

Schleuniger, J. (2017). Personalentwicklung: in 7 Schritten glückliche und qualifizierte Mitarbeiter. Abgerufen am 16.01.2013 von https://www.fuer-
gruender.de/wissen/unternehmen-fuehren/personal/personalentwicklung/.

Schmid, S. (2013). Bevölkerungsentwicklung in Deutschland und weltweit. Abgerufen am
05.01.2018 von http://www.bpb.de/apuz/153138/bevoelkerungsentwicklung-in-
deutschland-und-weltweit?p=all.

Statistisches Bundesamt. (2015). Bevölkerung Deutschlands bis 2060. Abgerufen am
05.01.2018 von
https://www.destatis.de/DE/Publikationen/Thematisch/Bevoelkerung/VorausberechnungBevo
elke-
rung/BevoelkerungDeutschland2060Presse5124204159004.pdf?__blob=publication
File.

Statistisches Bundesamt. (2017). Die Kinderlosigkeit in Deutschland ist nicht weiter gestiegen. Abgerufen am 05.01.2018 von

https://www.destatis.de/DE/PresseService/Presse/Pressemitteilungen/2017/07/PD1
7_254_122.html;jsessionid=69A9138C2B21E607CF46F4F4A058DA90.InternetLive
2.

Statistisches Bundesamt. (2009). Bevölkerung Deutschlands bis 2060. Abgerufen am
05.01.2018 von
https://www.destatis.de/DE/Publikationen/Thematisch/Bevoelkerung/VorausberechnungBevo
elke
rung/BevoelkerungDeutschland2060Presse5124204099004.pdf?__blob=publicationFile.

Stiftung Jugend und Bildung in Zusammenarbeit mit dem Bundesministerium für Arbeit und
Soziales. (2016). Demografischer Wandel- Auswirkungen auf den Arbeitsmarkt. Abgerufen am 16.01.2018 von http://www.sozialpolitik.com/public-files/arbeitsblatt-
demografischer-wandel-arbeitsmarkt.pdf

Kolev, S. und Staubhaar, T. (2018). Demographische Entwicklung. Abgerufen am 05.01.2018 von http://www.kas.de/wf/de/71.10930/.

Peters, U., Goesmann, C. und Hellert, U. (2013). Rekrutierung in kleinen und mittleren Unternehmen- eine Bestandsaufnahme. Abgerufen am 25.01.2018 von http://www.iaq.uni-due.de/aktuell/veroeff/projekt/FOM_iap-Schriftenreihe_Band_4_Rekrutierung_Onlineversion.pdf

Talention, TFI GmbH. (2013). Talente der Generation Y gewinnen, fördern und binden. Abgerufen am 26.01.2018 von https://www.talention.de/blog/wie-man-die-generation-y-und-z-einstellt-fordert-und-behalt.

Warkentin, N. (2016). Personalgewinnung: Definition, Methoden, Instrumente. Abgerufen am 11.02.2018 von https://karrierebibel.de/personalgewinnung/.

Weitzel, T., Eckhardt, A., Laumer, S., von Stetten, A., Maier, C., Guhl, E. (2013). Recruiting Trends 2013- Eine empirische Untersuchung mit den Top-1000-Unternehmen aus Deutschland sowie den Top-300-Unternehmen aus den Branchen Automotive, Finanzdienstleistung und IT. Abgerufen am 11.07.2014. von https://opus4.kobv.de/opus4-bamberg/frontdoor/index/index/docId/5358.

Zahnd, R. (2016). Rekrutierungstrends: Was bringt die Zukunft?. Abgerufen am 25.01.2018 von https://de.linkedin.com/pulse/rekrutierungstrends-bringt-die-zukunft-raphael-zahnd.